Mgr DUPANLOUP

ÉVÊQUE D'ORLÉANS

MONSEIGNEUR

DUPANLOUP

Évêque d'Orléans

PAR

PIERRE ET PAUL

AVEC PORTRAIT ET AUTOGRAPHE

PARIS

LIBRAIRIE MODERNE

19, BOULEVARD DE SÉBASTOPOL (RIVE GAUCHE)

GUSTAVE HAVARD, ÉDITEUR

1860

« J'en prends le ciel à témoin, si jamais homme ne désira pas les grandeurs du monde et les splendeurs du sacerdoce, c'est bien celui qui s'abaisse en ce moment devant Dieu. »

C'est du haut de la chaire, à la fin du carême de 1849, que monseigneur Dupanloup laissait tomber ces paroles véritablement chrétiennes. Sans doute, c'était un vœu qu'il exprimait ; sans doute, du fond du cœur, il demandait à Dieu la paix, la solitude et l'obscurité. Sa prière, hélas! n'a point été entendue, et son humilité a été soumise à de rudes épreuves; souvent depuis, pour paraître avec éclat sur la scène du monde, il a été forcé de sortir de cette paisible obscurité qu'il souhaitait avec tant d'ardeur.

Loin de nous la pensée de mettre un seul instant en doute la sincérité des vœux de monseigneur Dupanloup; mais qu'il nous soit permis d'admirer la bizarre complication des événements qui, depuis sa sortie du séminaire de Saint-Sulpice, c'est-à-dire depuis son entrée dans la vie, ont constamment fixé sur lui l'attention publique.

Il souhaitait ardemment la retraite; il était forcé de se tenir en vue; il désirait la paix, il avait la guerre; il rêvait une vie tranquille, et chaque jour lui amenaît une lutte nouvelle. A ce point, que l'on a pu dire de lui : « Il s'est voué à la polémique, tout comme d'autres se vouent au blanc. »

Voyons-le, en effet : il descend de la chaire de Notre-Dame ; mais c'est pour occuper la chaire de la Sorbonne ; il abandonne la rédaction d'un journal, qu'à force d'activité il a réussi à galvaniser un instant ; mais c'est pour publier un livre, un mandement, une lettre, quelqu'un de ces opuscules que l'on qualifie de pamphlets lorsqu'ils sont l'œuvre d'un laïque :

Si bien qu'une foule d'oisifs, spectateurs désintéressés pourtant, se sont levés et ont accusé d'ambition monseigneur d'Orléans.

Ils ont osé dire que sous la robe du prêtre se dissimulait — mais se dissimulait fort mal — un dangereux agitateur politique. Ils ont prétendu que certaines publications de monseigneur Dupanloup étaient, non point le plaidoyer d'un avocat convaincu, mais le cri de révolte d'un homme de parti, c'est-à-dire d'un de ces hommes qui ne raisonnent pas, qui ne veulent pas raisonner, et qui ne se servent de leurs yeux que pour les fermer à l'évidence. De ce que le défenseur de la liberté d'enseignement a été forcé de relever le gant en plusieurs circonstances, ils ont conclu qu'il se posait en champion et portait lui-même un défi.

Mais ce sont gens superficiels, ceux qui tiennent ces propos, qui les colportent ou les impriment; ignorants à courte vue, ils n'ont observé que la surface des événements, et ils ont été amenés à penser, ô aberration! que les faits ont une logique irrésistible.

L'évêque d'Orléans est, dites-vous, un ambitieux; sa vie est là pour prouver le

contraire! Vous l'accusez d'être un polé-
miste emporté jusqu'à la violence ; mais
lisez donc attentivement ses écrits, ses
derniers surtout ; croyez-vous donc qu'il
a, lui, prêtre, oublié le précepte du di-
vin Maître, *Beati mites ?*

Vous lui faites un crime de se mêler de
politique ; vous prétendez qu'un évêque
français est un citoyen qui, tout comme
les autres, plus que les autres, doit donner l'exemple de l'obéissance, rendre à
César ce qui est à César, et ne s'occuper
que du royaume du Christ, « qui n'est
pas de ce monde ; » mais monseigneur
Dupanloup ne s'occupe point de politique, et ce que vous dites là, il l'a dit
avant vous et mieux que vous.

Ouvrez son livre de *la Pacification religieuse*, et vous y trouverez cette phrase,
qui s'applique au clergé français :

«Nous sommes, non des hommes po-
litiques, mais des hommes spirituels;

cherchant seulement le bien des âmes:...»

A cela; qu'avez-vous à répondre?

Rien, sans doute; aussi, sans plus de longueurs, nous allons esquisser la vie de l'évêque d'Orléans. Et c'est tâche facile, en vérité: toujours, dans les diverses positions qu'il a occupées, quelques événements de nature à fixer l'attention publique ont signalé son passage, et sont restés comme autant de jalons qui empêchent l'historien de s'égarer:

DUPANLOUP (Félix-Antoine-Philibert), est né le 3 janvier 1802, à Saint-Félix, petit village de Savoie, diocèse de Chambéry, alors département français (département du Mont-Blanc).

Né connaissant que sa mère, il lui voua, dès l'enfance, un véritable culte; et cette sainte affection, qui honore à la fois et le fils et la mère, ne s'est jamais démentie une seule minute. Aussitôt qu'il en eut la possibilité, le jeune prêtre appela sa mère près de lui, l'entoura de soins et de prévenances, recherchant pour elle toutes les douceurs du luxe, essayant, à force de tendresse, de lui faire oublier ce qu'elle avait pu souffrir autrefois. Lorsqu'elle mourut, elle habitait avec lui les bâtiments du séminaire de Saint-Nicolas-du-Chardonnet, dont il était supérieur.

Mais revenons aux jeunes années de notre héros.

Sa première enfance s'écoula près de sa mère. Un de ses oncles, brave curé de Savoie, et qui certes n'avait rien de commun avec le célèbre vicaire dont Jean-Jacques écrivit la profession de foi, se chargea de son éducation et l'initia aux mystères du rudiment. Le brave homme ne tarda pas à remarquer dans son élève les plus heureuses disposi-tions; aussi songea-t-il sérieusement à l'envoyer à Paris. terminer ses études, pensant que, tout comme un autre; il pourrait faire son chemin. Les prévisions du bon curé ne furent pas trompées; malheureusement nous ne savons pas s'il vécut assez pour avoir la consolation de voir son élève en passe d'arriver à tout.

Cependant le jeune Dupanloup ne manifestait pas alors une vocation bien déterminée pour l'état ecclésiastique; il avait vu passer nos armées triomphantes, et les brillants costumes des officiers français avaient séduit sa jeune imagination. Quel enfant n'a désiré devenir général? Depuis, la réflexion a changé ces idées; la vocation est venue. Le jeune homme a pu voir la vanité de ces brillants costumes, et sans doute il a compris qu'à l'heure du combat une plume vaut bien une épée.

Quoi qu'il en soit, en 1815 sa famille l'envoya à Paris et le plaça en sixième dans une maison d'éducation, moitié laïque, moitié ecclésiastique.

Et véritablement l'heure était précieuse pour ceux que le Sèigneur appelait à lui : le trône avait restauré l'autel, et le clergé, tout-puissant, oubliant comme la noblesse les leçons du passé, préparait par son intolérance la terrible réaction antireligieuse qui suivit la révolution de 1830.

Le jeune Dupanloup resta trois ans dans la pension de la rue du Regard ; en 1818, son oncle le fit entrer au séminaire de Saint-Nicolas du Chardonnet.

Ici se place tout naturellement une de ces anecdotes que l'on aime à recueillir lorsqu'il s'agit d'hommes éminents, parce que d'un trait, mieux que les plus longues dissertations, elles peignent un caractère et permettent aux observateurs attentifs de pronostiquer sûrement l'avenir.

Lorsqu'on le plaça au séminaire Saint-Nicolas, l'élève du curé de Savoie venait d'achever sa quatrième, et, grâce à sa prodigieuse facilité, il avait été toute l'année le premier de sa classe ; mais, sans égards pour les prix remportés par l'élève, le supérieur du séminaire voulut absolument lui faire redoubler cette quatrième, prétendant que les études de sa maison étaient beaucoup plus fortes que celles de la pension de la rue du Regard.

Le jeune homme s'indigna contre cette mesure, qu'il taxait d'injuste prévention ; il demanda des juges ; réclamant la faveur de subir un examen.

Ses prières et ses réclamations furent inutiles ; on le mit en quatrième.

— Ah ! c'est ainsi, s'écria-t-il, on me fait redoubler une classe malgré moi ! Soit, je ne résisterai pas, mais je ne ferai rien.

Et scrupuleusement, religieusement, il tint parole. Il s'empara tout d'abord de la dernière place et les plus mauvais élèves ne purent le déloger. Promesses, admonitions, pensums, rien n'y fit.

Si bien que les professeurs, désespérant de triompher de cette fermeté de caractère, qu'ils taxaient de féroce entêtement, le placèrent en troisième, afin de lui prouver par l'évidence qu'il n'était pas de force à entrer en lice avec les élèves de cette classe.

Or, dès la première composition, le jeune Dupanloup fut le premier, et à la fin de l'année il remporta tous les prix.

Il passa les vacances qui suivirent son année de seconde au château de M. de Rohan, qui l'avait en grande affection. Cette campagne avait pour lui des attraits bien puissants, car, ayant reçu de son supérieur, l'abbé Frère, l'ordre de regagner immédiatement le séminaire, non-seulement il n'obéit point, mais encore il se garda bien de parler de la lettre qu'il venait de recevoir.

Sa désobéissance faillit lui coûter cher. Lorsqu'il se présenta au séminaire pour reprendre sa place, à la rentrée des classes, l'abbé Frère le fit venir.

— Lorsque je vous ai appelé, lui dit-il, vous n'êtes pas venu ; retournez donc d'où vous venez, la porte est désormais fermée pour vous.

Grand fut l'effroi du jeune homme. Il se hâta cependant de suivre les conseils du supérieur, il retourna près de M. de Rohan, et, grâce à l'influence de ce bienveillant protecteur, qui voulut bien se porter garant de son obéissance à venir, il put continuer ses études au séminaire.

Entré à Saint-Sulpice en 1820, il fit sa philosophie sous M. Merle, dont il disait plus tard :

— Celui-là est le plus savant, le plus

modeste, le plus doux et le plus laid des hommes.

En philosophie comme dans les autres classes, il eut de véritables succès, et cependant il était loin d'être ce qu'on est convenu d'appeler un bon élève. Ses maîtres d'étude s'accordaient à dire qu'il était remuant, étourdi, dissipé, et surtout fort enclin à la raillerie. Paresseux avec délices, il flânait de longues heures, mais grâce à sa prodigieuse facilité, jamais on ne le prenait en défaut. Sûr de lui, il attendait au dernier moment pour se mettre au travail, et dans la dernière demi-heure il faisait, et très-bien, les devoirs qui avaient coûté aux autres une attention longue et soutenue.

Le père Roy, que ses élèves avaient trouvé spirituel de surnommer le *père Oie*, fut son professeur de théologie. M. Dupanloup n'était point alors, au dire de ses condisciples, de la force de saint Thomas ; mais de longues et de sérieuses études ont fait depuis, de lui, un des prélats les plus savants du clergé français. Tous ceux qui ont approché l'évêque d'Orléans ont pu, d'ailleurs, comme nous, se convaincre qu'il ne tire pas vanité de son grand savoir. Sa modestie est restée la même, et tandis qu'il lui serait si facile d'écraser les faibles sous le poids de son incontestable supériorité, fidèle aux préceptes de la charité chrétienne, il n'use de son immense talent que pour dissimuler, pour voiler, pour excuser ce qui lui paraît des erreurs chez ses frères, moins favorisés que lui par l'intelligence et par le talent.

Cependant le curé de la Madeleine, M. Feutrier, distingua le jeune séminariste et se l'adjoignit pour fonder un catéchisme de persévérance.

Dès le premier jour, le succès de

M. Dupanloup fût immense. Les enfants seuls venaient à ses conférences : bientôt les mères suivirent les enfants, et de tous les quartiers de Paris, la foule accourut prendre place sur les bancs de la chapelle Saint-Hyacinthe, devenue trop étroite.

Le catéchisme de persévérance ouvrit à M. Dupanloup les portes du faubourg Saint-Germain ; alors il put ensemencer l'avenir et jeter les bases de plusieurs amitiés solides qui ne lui ont jamais depuis fait défaut dans les circonstances difficiles, et cependant, à chaque instant, dans la vie de l'évêque d'Orléans, on rencontre de ces circonstances.

En choisissant, pour l'aider dans ses travaux, le jeune séminariste, M. Feutrier fit preuve d'une rare perspicacité. M. Dupanloup était, plus que tout autre, l'homme de son époque. Grâce à M. Feutrier, il arriva à son heure. Il suffit de lui montrer le chemin : il s'engagea avec ardeur dans une route au bout de laquelle il entrevoyait un but.

De ce jour, sans aucun doute, le plan de son existence fut fait, et s'il a eu parfois l'air de s'en écarter, c'est que les hommes véritablement forts savent tourner les obstacles qu'ils désespèrent de surmonter.

C'est à dater de cette époque, dit-on, qu'il faut le compter au nombre des plus ardents champions, non de l'Église spirituelle, celle-là n'a jamais été attaquée, mais de l'Église temporelle; de cette Église qui étend un sceptre humain sur toute la terre, qui lutte, qui combat, qui triomphe ou qui est vaincue, mais qui croit devoir, au prestige d'une autorité divine qu'elle tient d'en haut, ajouter le prestige d'une puissance terrestre, ombre de pouvoir qu'elle est obligée de disputer aux hommes.

M. Dupanloup avait toutes les qualités nécessaires à celui qui doit s'élever en ce monde, et de plus il possédait cet art difficile de tirer parti de toutes ses qualités.

En décembre 1824 il reçut le diaconat, et l'année suivante il fut ordonné prêtre par M. de Quelen, son toujours dévoué protecteur.

Avec M. de Quelen, M. Dupanloup assista aux derniers moments du prince de Talleyrand, et il partagea l'honneur de faire rentrer cet homme d'État dans le giron de l'Église.

Les journaux du temps publièrent sur cette conversion *in extremis* quelques articles très-modérés d'ailleurs dans la forme ; quelques gens essayèrent de contester le fait.

Mais la déclaration formelle, signée par M. de Talleyrand, était là. Les plus incrédules furent convaincus.

Au milieu de tous les petits écrits qui parurent à ce moment, nous retrouvons le quatrain suivant, qui fit fortune dans un certain monde, et que l'on attribuait généralement à un personnage fort influent :

> Il a, dit-on, trompé du même coup,
> Si ce n'est vrai, c'est du moins vraisemblable,
> Le bon Dieu, le monde et le Diable,
> Et de Quelen, et Dupanloup.

Quelque temps avant la conversion de M. de Talleyrand, le futur évêque d'Orléans, sur la recommandation de M. de Quelen, avait été choisi, par madame la duchesse de Berry, pour confesseur du duc de Bordeaux.

Cette marque d'une haute estime n'en orgueillit pas le jeune prêtre, mais les conférences du catéchisme de persévérance de la chapelle Saint-Hyacinthe en reçurent un nouvel éclat.

Or, cet éclat même faillit un instant entraver la carrière de M. Dupanloup.

A M. Feutrier avait succédé M. Beuzelin. Le nouveau curé craignit de se voir éclipser par son vicaire ; il prit ombrage de succès trop bruyants, à son avis : aussi résolut-il de faire rentrer dans l'ombre le catéchisme de persévérance.

Mais M. Dupanloup n'était pas homme à céder ainsi.

Sa tâche était une tâche sainte, sa cause était une cause juste ; il résista donc à M. Beuzelin, et les vicaires de la paroisse, ses collègues, l'aidèrent à soutenir la lutte.

Mais le curé était le plus fort, et il le prouva bien en refusant de conserver pour vicaires M. Dupanloup et ceux qui l'avaient secondé, MM. Pététot, Fraysse et Arnault.

A cette nouvelle, M. de Quelen, qui sentait que son protégé avait mille fois raison, essaya d'arranger le différend à l'amiable; M. Beuzelin fut inébranlable : il refusa positivement de reprendre ses vicaires: M. de Quelen, de son côté, refusa d'en nommer d'autres.

Grand scandale aussitôt dans tout le diocèse. La paroisse faillit manquer de prêtres.

M. Dupanloup, lui, se retira au séminaire de Saint-Nicolas du Chardonnet, et y occupa le poste de préfet des études.

L'affaire, cependant, avait été portée devant le pape, et, en attendant une décision, les deux partis s'affermissaient dans la résolution de ne pas céder.

Les choses en étaient là, lorsque M. Beuzelin alla trouver le curé de Saint-Roch, M. Olivier, et lui proposa un échange de vicaires.

M. Olivier accepta, à la prière de M. de

Quelen, et M. Dupanloup abandonna le séminaire de Saint-Nicolas pour reprendre à Saint-Roch ses fonctions de vicaire, mais sans conférences désormais.

Lorsque M. Beuzelin avait été admis par M. de Quelen à faire valoir ses griefs contre son vicaire, il lui avait surtout reproché d'aimer, plus qu'il ne convient à un prêtre, à faire parler de lui; il l'avait accusé de rechercher avec passion l'approbation du monde.

A cela le jeune vicaire répondit qu'il est parfaitement inutile de monter en chaire si c'est pour prêcher dans le désert.

Il n'alla pas jusqu'à dire que si tant de sermons sont si peu suivis, c'est que les prédicateurs sont mauvais; mais certainement il dut le penser, et mainte fois, depuis, il ne s'est point fait faute de l'écrire.

Souvent on a reproché à M. Dupanloup de rechercher le luxe des cérémonies, d'entourer le culte de pompes trop mondaines, et d'aucuns ont prétendu qu'il aimait pour lui-même l'éclat, le faste et le bruit.

Il n'en est pas ainsi :

Il ne trouve rien d'assez beau pour orner son église ; il ne recule devant aucune dépense, devant aucun sacrifice pour rendre plus magnifique la maison de Dieu.

Mais lorsqu'il ne s'agit que de lui, les choses les plus simples sont celles qu'il préfère.

Voici d'ailleurs à ce sujet une anecdote dont nous pouvons garantir la parfaite authenticité.

Un des tapissiers les plus en vogue à Paris entre un matin chez M. Dupanloup :

— Je viens, dit-il, mettre en place les meubles de monsieur.

— Mes meubles ! quels meubles ? demande M. Dupanloup surpris.

— Monsieur veut rire, sans doute !...

— Mais pas le moins du monde !

— Cependant, monsieur doit bien savoir, puisqu'il m'a fait payer d'avance.

Et le tapissier, sortant de sa poche une facture acquittée, la présente à son client sans le savoir, qui parcourt avec stupéfaction une longue liste de meubles tous plus luxueux les uns que les autres, tout en se demandant quel peut être l'auteur de ce présent anonyme.

— Et maintenant, monsieur veut-il qu'on commence à monter les meubles? insiste le marchand.

— Ils sont donc là ?

— Certainement, et si monsieur veut regarder par la fenêtre...

Deux tapissières pesamment chargées stationnaient en effet devant la maison.

— Mon ami, dit alors M. Dupanloup,

j'avais effectivement besoin de meubles, et vous m'en fournirez, puisque c'est vous qu'a choisi celui qui m'envoie ceux-ci. Mais tout ce que vous avez là est trop beau pour moi; vous me livrerez tout ce que vous avez de plus ordinaire. Quant au surplus de la somme, versez-le entre les mains du curé de votre paroisse : les pauvres en profiteront.

Et les meubles somptueux furent remplacés par du noyer.

Monseigneur Dupanloup, dans toute sa vie, n'a eu qu'un goût dont la satisfaction ait pu quelquefois lui être coûteuse.

Il est antiquaire, et antiquaire passionné.

Vieux bahuts et vieilles porcelaines, tapisseries de haute lice, bronzes florentins, monseigneur Dupanloup recueille pieusement toutes les choses du passé; il les aime, il s'en entoure; volontiers il transformerait son cabinet de travail en musée.

Sans doute, au milieu de ces débris d'une autre époque, épaves des générations disparues, il rêve avec plus de douceur au temps passé, à ce bon vieux temps où l'imprimerie n'était pas encore découverte, ce qui dispensait les évêques de prendre la plume pour écrire dans les gazettes.

Mais revenons aux curiosités de M. Dupanloup.

A une certaine époque, lorsqu'il habitait encore Paris, on voyait dans son cabinet deux vases magnifiques, qui n'étaient pas étrusques précisément, mais qui avaient dû être destinés à certains usages passablement réalistes.

Un jour, un visiteur, apercevant tout à coup les précieuses porcelaines, s'écria d'un air scandalisé :

— Ah! mon Dieu! qu'avez-vous là?

— Ne vous formalisez pas, répondit M. Dupanloup, c'est fort ancien.

Le jeune vicaire de Saint-Roch profita des loisirs que lui laissait son poste pour compléter son éducation religieuse.

Il remontait aux sources sacrées de notre religion, cherchant la lumière, afin de pouvoir plus tard éclairer les autres. Les saintes Écritures étaient devenues son étude favorite, et tous les Pères de l'Église lui étaient familiers.

Il ne négligeait point le temporel, il ne reculait devant aucunes recherches, devant aucun travail, pour arriver à se rendre bien compte des relations de l'Église avec les différents peuples, se pénétrant bien des droits du possesseur du domaine de saint Pierre.

C'est durant ces quelques années, qu'enfermé dans son cabinet, loin du bruit, loin du monde, il acquit cette science prodigieuse qu'il devait plus tard mettre au service du saint-père.

La révolution de 1830 surprit et atterra M. Dupanloup.

La chute des Bourbons ruinait-elle, ainsi qu'on l'a prétendu, ses espérances? Des pensées ambitieuses avaient-elles germé dans son cœur, lorsqu'il prit la direction de la conscience du duc de Bordeaux? S'était-il dit que sous les ancêtres du prince, d'humbles directeurs avaient presque gouverné la France?

C'est une question qu'il ne nous appartient point de décider; mais il était bien jeune, ce nous semble, pour de telles pensées, et déjà bien détaché des vaines grandeurs de cette terre.

Après les journées de Juillet, M. Dupanloup s'attacha de plus en plus à M. de Quelen. Aux côtés de son protecteur, il vit passer l'émeute qui de son soufle terrible renversa l'archevêché ; il entendit les cris et les chants de ceux qui forcèrent les portes de Saint-Germain l'Auxerrois.

Ce fut pour lui un terrible enseignement, et son esprit était trop éclairé, trop perspicace déjà pour ne pas le recueillir.

La réaction religieuse commençait.

Cette émeute, c'était le résultat des dernières années de la Restauration.

Le pillage d'un archevêché, le sac d'une église, tels étaient les fruits de tous les efforts d'un clergé abandonné à ses propres inspirations, le prix de tant de prédications, de missions, de séductions, nous allions presque dire de persécutions.

Pendant les premières années du règne de Louis-Philippe, M. Dupanloup garda vis-à-vis du pouvoir la même attitude que son protecteur.

En 1833 seulement, il donna signe de

vie, il demanda et obtint des lettres de naturalisation.

Ses amis eurent beaucoup de peine à le décider à cette démarche : jusque-là M. Dupanloup avait tenu à conserver sa nationalité.

Son rêve était, il le disait bien haut, de se retirer dans quelque humble village de son pays natal pour y finir ses jours dans la retraite et dans la méditation.

Il dut céder aux remontrances de ses supérieurs.

L'homme se sacrifia devant le prêtre. Vous vous devez à l'Église, lui avait-on dit, et un prêtre de votre valeur lui sera plus utile en France que dans un petit pays comme la Savoie.

En 1834 il fut chargé d'ouvrir les conférences de Notre-Dame ; il le fit avec éclat. Comme autrefois au catéchisme de persévérance de l'Assomp tion, la foule accourut. La vieille basilique tressaillit d'allégresse, et rarement on vit pareille affluence se presser dans l'immense nef.

Et ici hâtons-nous de le dire, monseigneur Dupanloup est un des grands orateurs chrétiens de notre époque. Sa voix est vibrante et sonore ; il sait trouver, pour peindre ses sentiments, des intonations d'une douceur extrême ; son geste est sobre, mais toujours harmonieux.

Lorsqu'il tonne du haut de la chaire chrétienne, sa taille semble grandir, sa voix éclate puissante, son œil s'allume et lance des éclairs.

Ecrivain élégant et correct, il est toujours un peu emphatique, quelquefois même ampoulé. Ces défauts disparaissent lorsqu'il parle, ou plutôt ces défauts semblent alors devenir des qualités.

Comme tous les hommes véritablement orateurs, M. Dupanloup ne possède toute sa puissance que lorsqu'un nombreux auditoire se presse au pied de sa chaire. Il est lui-même, alors, il est lui tout entier; les préoccupations du livre n'arrêtent pas l'essor de sa pensée, l'élan de sa fougue, et sous le poids de sa parole, les auditeurs sont forcés de courber la tête.

L'évêque d'Orléans est doué, d'ailleurs, d'une grande facilité d'improvisation.

Un soir de carême, il allait se mettre à table pour prendre son repas, lorsqu'on vint lui annoncer que le prédicateur désigné, subitement indisposé, ne pourrait prêcher.

— Y a-t-il beaucoup de monde? demanda-t-il.

— L'église est pleine.

— C'est bien, reprit M. Dupanloup, je vais le remplacer.

—Mais c'est que… objecta celui qu'on avait envoyé vers lui, c'est que le sujet à examiner a été annoncé hier.

— Raison de plus : que l'on m'indique les points à traiter.

Et dix minutes après M. Dupanloup était en chaire, et jamais son éloquence ne s'était élevée si haut.

Les conférences de Notre-Dame ne tardèrent pas à valoir au jeune orateur chrétien sa nomination au grade de vicaire général honoraire de la métropole.

Depuis quelques mois déjà M. Dupanloup avait été admis à l'honneur de guider la piété de la reine Amélie, noble et sainte femme, contre laquelle jamais une voix ne s'est élevée, même aux époques de déchaînement de toutes les passions.

L'influence que M. Dupanloup avait pu acquérir sur la reine se fit sentir, dit-on, avec bien d'autres influences, il est vrai; mais toutes réunies en faisceau et dirigées vers le même objet, lors du projet de loi sur l'enseignement élaboré par M. Villemain.

Pris entre les justes représentations du ministre, qui démontrait la nécessité de mettre un frein aux prétentions et aux empiétements du clergé, et les prières de la reine, qui demandait avec instance les concessions les plus larges, le roi se sentait fort embarrassé.

Le poids de l'indécision royale retomba si lourdement sur M. Villemain, que le ministre faillit un moment en perdre littéralement la tête.

Lorsqu'il fut question d'appeler M. Affre à l'archevêché de Paris, M. Dupanloup usa de tout son pouvoir, de tout le crédit de ses amis pour combattre cette élévation.

Mais le pieux évêque était protégé par

le roi lui-même ; M. Dupanloup s'agita donc en vain.

M. Affre fut nommé.

Et qu'il nous soit permis de payer un juste tribut d'admiration et de respect à la mémoire de l'archevêque martyr.

L'évêque d'Orléans, plus d'une fois depuis, a dû regretter son opposition. M. Affre était un homme selon le cœur de Dieu, un homme de paix et de modération. Généreux enfant de la France, il ne souhaita jamais que le bonheur de sa patrie ; il la voulait libre, unie, tranquille.

Une fois il s'est mêlé à l'agitation des partis, mais c'était pour crier : « Vous êtes des frères ! »

Il n'agita jamais un drapeau ; c'est un crucifix que tiennent à la main les envoyés du Christ.

Et c'est en accomplissant une mission de paix et de conciliation, mission trois

fois sainte, qu'il trouva la mort. La poi-
trine nue, exposé à tous les coups, il se
jeta entre les combattants et il répétait :
« Arrêtez! arrêtez! souvenez-vous que
vous êtes des frères. »

Et lorsqu'il tomba, frappé d'une balle
parricide :

« Mon Dieu ! murmura-t-il, faites que
dans mon sang s'éteigne la fureur des
partis. »

On a dit que M. Affre avait gardé ran-
cune à M. Dupanloup de s'être si éner-
giquement opposé à son élévation; rien
n'est plus faux. Le cœur de l'archevêque
martyr était trop pur, trop généreux,
trop haut placé pour cela.

Il estimait à sa juste valeur le talent
de M. Dupanloup; mais il avait peut-
être lu au fond du cœur de ce jeune
prêtre, déjà si fort détaché des vaines
grandeurs terrestres.

M. Dupanloup fut, il est vrai, dépossédé de son titre de grand vicaire général de la métropole, mais pour une cause tout à fait étrangère à son opposition.

Loin d'en vouloir à son adversaire, M. Affre lui donna une haute preuve d'estime, en lui confiant pour Rome une mission excessivement délicate, et en l'élevant au rang de grand vicaire titulaire.

A Rome, on connaissait déjà M. Dupanloup.

L'envoyé de M. Affre fut accueilli avec distinction au Vatican, et fut admis à conférer souvent avec le successeur de saint Pierre.

La conversion de M. de Ratisbonne faisait grand bruit à cette époque; M. Dupanloup assista aux fêtes du baptême du nouveau chrétien, et prononça même à cette occasion un remarquable discours.

A son retour, il traversa le Piémont.

Le roi de Sardaigne se le fit présenter, et, jaloux de retenir près de lui un homme véritablement éminent; il lui fit les offres les plus brillantes pour le décider à se fixer dans sa première patrie. Le roi alla même jusqu'à lui promettre un évêché.

M. Dupanloup refusa. Peut-être fut-il effrayé des dignités dont on voulait le combler; peut-être pensa-t-il qu'un évêché en France est préférable à un évêché en Piémont.

La petite cure de Savoie était déjà bien loin.

Ceci se passait en 1845.

En 1841, cependant, l'abbé Dupanloup avait été appelé en Sorbonne, à la chaire d'éloquence sacrée.

Mais la vogue qui avait accueilli son catéchisme de persévérance et ses conférences de Notre-Dame ne l'y suivit point.

Vainement l'homme qui a écrit : « Nous ne faisons point d'éclat, » multiplia ses attaqués, s'enhardit aux provocations, la solitude se faisait autour de sa chaire.

Quelques-uns allaient jusqu'à dire qu'il n'avait comme professeur qu'un médiocre talent.

Alors il résolut d'en finir de suite, par quelque coup d'éclat, afin de signaler au moins sa retraite.

Voltaire lui servit de prétexte.

Tout le monde se souvient de la séance orageuse qui termina ces cours. Voici à peu près la scène :

Le professeur parle de l'auteur de *Candide*, et avoue qu'on est forcé de lui reconnaître un certain talent.

Murmures profonds dans la salle.

Le professeur continue ; il déclare que les circonstances ont beaucoup fait pour la réputation de Voltaire, qui, d'ailleurs, eut l'art d'attaquer toujours le premier.

— Celui qui provoque paraît toujours le plus fort.

Les murmures deviennent plus menaçants.

Le professeur ne s'émeut pas : il parle fort légèrement d'une leçon à coups de bâton, donnée à Voltaire par un prince qui entendait la hiérarchie...

À cet endroit, les murmures se changent en vociférations, en menaces; on brise les bancs, on est sur le point d'escalader la chaire.

Le lendemain, sur les murs de la Sorbonne, on pouvait lire l'affiche suivante :

« Par suite d'une indisposition, M. l'abbé Dupanloup est forcé d'interrompre son cours. »

Mais le public seul était indisposé, et fort gravement encore, contre le professeur; les cours ne furent jamais repris.

La campagne, on le voit, avait été malheureuse.

Si nous voulons retrouver M. Dupanloup, il nous faut maintenant retourner au séminaire de Saint-Nicolas du Chardonnet, dont il est devenu le supérieur. Directeur d'une maison d'éducation, le fougueux défenseur de la liberté d'enseignement résolut de prouver que les études, dans les maisons ecclésiastiques, sont beaucoup plus fortes que dans les colléges.

Il avait un système : c'était une magnifique occasion pour en essayer l'application. C'est assez dire que pour les élèves le séminaire n'était pas précisément un paradis terrestre. Là, en effet, on était tenu, ou de faire preuve d'une remarquable intelligence, ou de travailler avec un acharnement sans pareil.

Pas de milieu. Il fallait des preuves à fournir dans les discussions sur la liberté d'enseignement.

Parce que M. Dupanloup a déclaré « qu'après l'Église, les enfants étaient

son premier et son dernier amour; »
parce qu'il a écrit un livre sur l'éducation, on s'est plu à comparer l'évêque
d'Orléans à l'évêque de Cambrai, à Fé-
nelon.

Quant à nous, vainement nous cher-
chons la ressemblance; autant vaudrait
établir une comparaison entre le calme
et la tempête, entre Bernardin de Saint-
Pierre et M. Veuillot.

Cependant le supérieur du séminaire
Saint-Nicolas se sentait assez de force
pour élever, si on le lui eût permis, la gé-
nération tout entière; mais ce zèle était
précisément ce qu'on redoutait en lui.
C'est alors qu'il s'écriait : « La défiance
vis-à-vis du clergé est un système à la
fois sans honneur et sans honnêteté. »

Le supérieur de Saint-Nicolas ne négligeait rien, il faut le dire, pour donner
plus d'éclat à sa maison. Aucun sacrifice
ne lui coûtait, et plus d'une fois Saint-

Sulpice, jaloux, essaya de lui faire obstacle, mais il triompha toujours.

L'argent était ce qui embarrassait le moins M. Dupanloup; vingt caisses lui étaient ouvertes, et des amis puissants l'encourageaient dans une œuvre qu'ils considéraient comme sainte. Au séminaire, alors, on apprenait avant tout à bien penser. On y enseignait, à propos d'obéissance à l'autorité, une doctrine subtile. On distinguait deux sortes d'obéissances : l'une volontaire, c'est-à-dire très-honorable, l'autre contrainte, c'est-à-dire dégradante et indigne d'un homme de cœur.

Mais à quoi bon nous appesantir sur ce sujet; nous ne parlerons même que pour mémoire des discussions survenues lors du projet de loi de M. Villemain : mieux vaut suivre M. Dupanloup, devenu une puissance.

Il avait une cour et des protégés ; ses

amis étaient nombreux, mais ses en-
nemis commençaient à se compter; les
plus nobles maisons lui avaient ouvert
leurs portes, et les plus grandes dames
le choisissaient pour le dispensateur de
leurs aumônes.

Voici à ce sujet ce que nous racontait,
il y a quelque temps, une amie de madame la princesse B... :

Une princesse romaine avait envoyé à
M. Dupanloup, pour ses pauvres, trois
billets de mille francs enfermés dans un
portefeuille.

Le domestique chargé de la commission s'attarda avec un de ses compa-
triotes qu'il avait rencontré, fêta plus
que de raison la dive bouteille, et finit
par perdre le portefeuille.

Éperdu, cet homme vint se jeter aux
pieds de M. Dupanloup, le conjurant de
parler en sa faveur à la princesse, et de
l'aider à s'excuser. Se réservant sans

doute de prendre des informations, M. Dupanloup promit au domestique de ne rien dire, pour le moment du moins, et après une verte réprimande, il l'engagea à rentrer chez sa maîtresse comme à l'ordinaire.

Tandis qu'il réfléchissait, et se demandait s'il ne venait pas d'être la dupe d'un habile fripon, on vint le prévenir qu'une femme demandait à lui parler.

Il donna ordre de l'introduire.

C'était une femme jeune encore, couverte de haillons; elle tenait par la main un enfant aussi misérablement vêtu qu'elle. Cette infortunée avait trouvé, rue Taranne, le portefeuille perdu, et elle accourait le restituer intact.

Profondément ému de cet acte de probité, M. Dupanloup fit don à cette femme des trois mille francs, et, grâce à ses relations, il lui assura du travail et un avenir.

Quelques années plus tard seulement, la princesse apprit de la bouche de son domestique les détails de cette généreuse action.

La direction du séminaire de Saint-Nicolas laissait à M. Dupanloup assez de temps pour s'occuper de la réalisation de ses espérances. Pendant les dernières années du règne de Louis-Philippe, nous trouvons son nom mêlé à toutes les luttes. Journaliste de talent, ses articles rendirent un instant la vie à *l'Ami de la religion*, dont il devint le rédacteur en chef quelques mois avant sa nomination à l'évêché d'Orléans.

Comme, dès cette époque, on lui faisait quelques remontrances sur la violence de ses articles :

« NOUS N'INSULTONS POINT, répondit-il, MAIS NOUS NE RESPECTONS PAS. »

Souvent, pendant que M. Dupanloup était supérieur du séminaire Saint-Nicolas, on le pressa d'accepter quelque cure importante : il refusa toujours. Il refusa même Saint-Sulpice, peut-être à cause du voisinage du grand séminaire, avec lequel il n'était pas dans les meilleurs termes, depuis certaines affaires d'intérêt.

Il donnait à entendre que ses refus n'avaient d'autres motifs que son goût pour l'obscurité et pour la retraite, et son affection pour ses chers enfants, pour les élèves de son cœur.

Ceux qui veulent voir en lui un ambitieux, prétendent qu'il attendait un évêché.

La chose est assez improbable. Le roi, sondé habilement à plusieurs reprises, — à l'insu de M. Dupanloup, bien entendu, et par des amis indiscrets, — ne voulait pas absolument entendre parler du supérieur du séminaire ; le roi, mal informé, s'obstinait à redouter ce qu'il appelait son esprit remuant. C'est même à son sujet qu'un jour, à Neuilly, le roi, pressé vivement de lui donner un évêché vacant, s'écria :

— Jamais ! j'aimerais mieux nommer le plus ignorant des curés de campagne.

Pour porter M. Dupanloup à l'épiscopat, il ne fallait rien moins, on le voit, qu'une révolution. Or, la révolution arriva, et le supérieur du séminaire fut nommé évêque d'Orléans, un jour que ses amis du règne de Louis-Philippe se trouvaient en majorité à la Chambre (6 août 1849). Le 30 septembre, n'ayant pas perdu une minute, il fut préconisé à Portici, et le 9 décembre de la même année il fut sacré à Paris.

Ses amis assurent qu'il ne fallut rien moins qu'un ordre, venu de très-haut, pour le décider à accepter la mitre que venait de poser sur sa tête la révolution.

En 1849, sous le ministère de M. de Falloux, M. Dupanloup avait fait partie de la commission chargée de préparer une loi sur l'instruction primaire et sur l'instruction secondaire. Il avait pour collègues MM. Sibour, de Montalembert, de Corcelles, de Riancey, etc.

Le projet de loi ne visait pas précisément à la ruine de l'Université; mais la commission serait peut-être allée un peu loin sans M. Veuillot, qui réclamait hautement une loi de monopole, et qui assurait que la patrie serait en danger tant qu'on n'aurait pas chassé le dernier laïque du dernier collége.

A peine en possession de son siége épiscopal, monseigneur Dupanloup déploya une activité fébrile, unissant le travail de la prédication aux soins de l'administration.

Mais c'est à l'enseignement, surtout,

qu'il donna toute son attention; il voulait, dans son petit séminaire, soutenir la concurrence contre les établissements laïques. Et pour arriver à ce but il ne négligea rien : il avait même ouvert une école dans son palais épicopal.

Convaincu de la nécessité de réchauffer les tièdes, monseigneur d'Orléans reçoit souvent à l'évêché et va fréquemment dans le monde.

Un soir, il se trouvait chez un des personnages les plus influents d'Orléans, lorsqu'on organisa une souscription, nous ne savons pour quel motif.

La maîtresse de la maison s'adressa successivement à la charité de tous les invités. Le tour de l'évêque vint. Or, il avait oublié sa bourse. Détachant alors sa croix pastorale et la remettant à la quêteuse :

— C'est pour les pauvres, dit-il.

Il est inutile d'ajouter que les dames

d'Orléans se cotisèrent, et que la croix fut rendue au charitable prélat.

Doué d'une volonté assez énergique pour vaincre toute fatigue, monseigneur Dupanloup, au milieu de ses incessants travaux, trouve encore le temps de se livrer à l'étude.

La nuit, lorsque toutes les lumières du palais épiscopal sont éteintes, seul il veille, prenant ainsi sur son repos. C'est alors qu'il compose ces nombreux écrits que nous lisons chaque jour; ses livres, ses mandements, ses lettres, ses articles; ses factums.

Près de lui est placée une bouteille de vieux vin de Bordeaux, et lorsqu'il se sent près de céder au sommeil qui l'accable, pour réveiller sa pensée il en avale une gorgée.

Lorsque s'agita cette fameuse question de la part à faire aux classiques païens dans une éducation chrétienne, monseigneur Dupanloup prit parti pour le plus large développement des études littéraires.

L'Univers saisit avec empressement l'occasion d'attaquer un homme qu'il avait trouvé un peu faible lors de la loi sur l'enseignement.

Mais, cette fois, M. Veuillot tombait on ne peut plus mal. Le bon journaliste venait de trouver un maître.

L'évêque d'Orléans ne s'amusa pas à parlementer avec *l'Univers*, il répondit aux articles du doux rédacteur par un mandement qui interdisait à tous les prêtres de son diocèse la lecture du journal *l'Univers*.

Plusieurs évêques, se joignant à M. Dupanloup, imitèrent son exemple, et *l'Univers* faillit sortir de la lutte sans abonnés.

Mais la lutte ne se prolongea pas : M. Veuillot en appela au pape, et, après quelques pourparlers, l'interdit fut levé.

En 1854, la mort de M. Tissot laissait un fauteuil vacant à l'Académie : l'évêque d'Orléans fut appelé à l'occuper.

Lui-même, dans son discours de réception, a trop bien défini les motifs qui avaient présidé à son élection, pour que nous ne le citions pas :

« Je ne me suis point mépris, messieurs, disait-il, sur l'intention que vous avez eue, en m'appelant au milieu de vous pour y remplacer un homme dont l'existence avait appartenu aux lettres...

» Mes faibles écrits, personne ne le sait mieux que moi, ne méritaient pas de me recommander à vos suffrages ; et dans le bienveillant empressement avec lequel vous avez daigné m'accueillir, je n'ai vu autre chose que la pensée de renouveler l'antique alliance de l'Église et des lettres, de l'Épiscopat et de l'Académie française ; heureux d'être l'humble anneau en qui se renoue aujourd'hui cette chaîne, que l'on avait pu croire un moment interrompue. »

M. de Salvandy, chargé de répondre au nouvel immortel, lui déclara tout net qu'il avait reconnu en lui un grand politique, et que depuis longtemps il admirait la surprenante profondeur de vues d'un homme complétement *étranger aux ambitions* du siècle.

Par bonheur, nous savons à quoi nous en tenir sur la valeur des éloges académiques.

Ce serait ici le moment de parler des œuvres de monseigneur Dupanloup; mais nous passerons légèrement sur ce sujet.

Le bagage littéraire de l'évêque d'Orléans se compose, pour la plus grande partie, de livres inspirés par les circonstances, de lettres, de brochures, d'articles de journaux.

Son ouvrage capital est le livre de

l'Éducation, « le plus beau monument pédagogique du siècle. » C'est toujours M. de Salvandy qui parle.

Retiré à Orléans, après sa réception à l'Académie, monseigneur Dupanloup n'a plus semblé s'occuper que de ses administrés. S'il reparaissait quelquefois, c'était toujours pour combattre en faveur de l'enseignement de son petit séminaire; mais il n'en suivait pas moins les événements avec une attention extrême, attendant l'heure de reparaître dans l'arène.

Nous ne parlerons pas de quelques articles publiés dans les derniers mois de l'année dernière; monseigneur Dupanloup ne s'est véritablement jeté dans la lutte qu'à partir de sa réponse à la brochure que l'on appelle par excellence *la Brochure.*

Mais, de ce moment, il abandonne toute réserve : emporté par la passion, il semble oublier la robe qu'il porte, et ses

articles rivalisent d'audace avec les articles de l'ancien rédacteur en chef de
l'Univers.

Dans la *Réponse au rédacteur en chef du
Constitutionnel,* la violence devient de la
frénésie.

Toutes les armes lui sont bonnes,
pourvu qu'il puisse atteindre ses adver-
saires:

« *Je n'aime point la contention avec les
vivants,* — écrit-il dans une de ses brochures, — J'EN AURAIS HORREUR AVEC
CEUX QUI NE SONT PLUS. »

Hélas! qu'est devenue cette sainte horreur?

Monseigneur Dupanloup, ce prêtre
auquel « il ne plait guère d'élever la
voix sur la place publique, » croit-il par
ses déclamations et ses résistances servir
véritablement la cause d'une religion
toute de paix et d'amour?

S'imagine-t-il relever les splendeurs

augustes du sacerdoce, lorsqu'il livre les évêques ses prédécesseurs au mépris de la foule, et que de sa main il ramasse la boue pour salir leur mémoire.

« Malheur ! a dit le Christ, à ceux qui occasionnent le scandale. »

Et, nous sommes forcés de le reconnaître, monseigneur Dupanloup est pour le monde entier un sujet de scandale.

Grâce à lui, il nous sera donné de voir, — triste et douloureux spectacle, — un prélat répondre, en police correctionnelle à une plainte en diffamation.

Cette plainte, c'est *le Siècle* qui la porte.

Mais ce n'est pas tout.

Il existe une nièce de monseigneur Rousseau ; l'article de monseigneur Dupanloup a frappé cette nièce au cœur. Que dirait l'évêque d'Orléans, si cette héritière de monseigneur Rousseau écrivait à peu près ceci au procureur général :

« Monsieur,

» Je suis fille du chevalier Rousseau, mort pair de France, maire du troisième arrondissement de Paris, en 1837, lequel était frère de monseigneur Rousseau, ancien évêque d'Orléans : conséquemment, je suis nièce directe de monseigneur Rousseau ; j'ai été comblée de sa tendresse, et élevée pour ainsi dire sur ses genoux.

» La piété de mon oncle, ses vertus, son nom, qui était resté jusqu'à présent entouré de vénération et de respect, voilà le seul héritage qui nous soit resté de lui.

» Cette part d'héritage, monsieur, dont nous nous honorons, n'est pas une chimère. C'est un patrimoine, celui dont mes cheveux blancs ont le droit de s'enorgueillir à juste titre. Car le nom de Rousseau est celui que portait mon père. C'est à ce patrimoine de famille que monseigneur Dupanloup, dans une lettre datée d'Orléans, du 4 février 1860, et adressée à M. Grandguillot, rédacteur en chef du *Constitutionnel*, vient de porter l'atteinte la plus cruelle et la plus imméritée.

» Si ces outrages s'adressaient à un vivant, ils constitueraient évidemment les délits de diffamation et d'injures, prévus par la loi du 17 mai 1819.

» Le délit est-il moins réel parce qu'il s'adresse à une mémoire, et parce que l'outrage frappe contre la pierre d'un tombeau?

» La loi sur la diffamation n'a pas entendu protéger la fortune, mais l'honneur. Or, l'honneur d'une famille est solidaire. Cet homme appartient aux vivants ainsi qu'aux morts, et pour ma part

je ressens l'outrage fait au nom que portait mon père, comme s'il était fait à moi-
même.

» J'ai quatre-vingt-trois ans, je vais
bientôt quitter cette vie de misères ; per-
mettez-moi du moins d'emporter cette
pensée consolante que la justice de la
terre protége la pierre des tombeaux et
qu'un sacrilége aux yeux de la religion
est un délit aux yeux de la loi. »

A toutes les accusations, monseigneur
Dupanloup répondra comme il l'a déjà
fait, qu'il agit pour la plus grande gloire
de l'Église.

Mais de quelle Église, alors, car il
doit en exister deux.

L'une qui veut être glorifiée sur cette
terre, à celle-là il faut la puissance ;
l'autre, qui a placé dans le ciel toutes ses
espérances.

D'humbles prêtres, nobles descendants des apôtres, sont les ministres de cette dernière Église.

Les forts, les orgueilleux sont les champions de la première.

Laquelle donc est la vraie ?

Paris, 28 février 1860.

Paris. — Imp. de Édouard BLOT, rue Saint-Louis, 46.

Évêché
Orléans.

Orléans, le 26 février 1860.

Monsieur

Vous avez publié la lettre que M. le baron Mortreuil m'a adressée en date du 22 février courant.

Vous jugerez peut-être convenable de publier aussi ma réponse.

J'ai l'honneur de vous l'adresser en épreuve.

Veuillez agréer, Monsieur, l'hommage de ma considération distinguée.

+ Félix, Évêque d'Orléans

www.ingramcontent.com/pod-product-compliance
Lightning Source LLC
Chambersburg PA
CBHW051149050726

47594CB00003B/1315